La comunidad de mi escuela

Bobbie Kalman

 Crabtree Publishing Company

www.crabtreebooks.com

Creado por Bobbie Kalman

Autor y Jefe editorial
Bobbie Kalman

Consultores pedagógicos
Elaine Hurst
Joan King
Reagan Miller

Editores
Joan King
Reagan Miller
Kathy Middleton

Revisor
Crystal Sikkens

Investigación fotográfica
Bobbie Kalman

Diseño
Bobbie Kalman
Katherine Berti

Coordinador de producción
Katherine Berti

Técnico de preimpresión
Katherine Berti

Fotografías
iStockphoto: págs. 1, 6, 7, 9, 14, 20 (derecha),
        23 (arriba a la derecha),
        24 (arriba a la izquierda)
Todas las demás fotografías por Shutterstock

Catalogación en publicación de Bibliotecas y Archivos Canadá

Kalman, Bobbie, 1947-
    La comunidad de mi escuela / Bobbie Kalman.

(Mi mundo)
Includes index.
Translation of: My school community.
Issued also in an electronic format.
ISBN 978-0-7787-8564-4 (bound).--ISBN 978-0-7787-8590-3 (pbk.)

    1. Schools--Juvenile literature. 2. School environment--Juvenile
literature. I. Title. II. Series: Mi mundo (St. Catharines, Ont.)

LB1513.K3518 2011   j372   C2010-904172-0

**Información de catalogación en publicación de
la Biblioteca del Congreso**

Kalman, Bobbie.
    [My school community. Spanish]
    La comunidad de mi escuela / Bobbie Kalman.
        p. cm. -- (Mi mundo)
    Includes index.
    ISBN 978-0-7787-8590-3 (pbk. : alk. paper) -- ISBN 978-0-7787-8564-4 (reinforced
library binding : alk. paper) -- ISBN 978-1-4271-9585-2 (electronic (pdf))
    1. Schools--Juvenile literature. 2. Classrooms--Juvenile literature. 3. Readers
(Elementary) I. Title. II. Series.

LB1513.K3618 2010
371--dc22
                                    2010024777

Crabtree Publishing Company

Impreso en Canadá/072016/TT20160630

www.crabtreebooks.com   1-800-387-7650

Publicado en Canadá
Crabtree Publishing
616 Welland Ave.
St. Catharines, Ontario
L2M 5V6

Publicado en los Estados Unidos
Crabtree Publishing
PMB 59051
350 Fifth Avenue, 59th Floor
New York, New York 10118

Publicado en el Reino Unido
Crabtree Publishing
Maritime House
Basin Road North, Hove
BN41 1WR

Publicado en Australia
Crabtree Publishing
3 Charles Street
Coburg North
VIC, 3058

¿Qué hay en este libro?

Mi escuela es una comunidad

Una **comunidad** es un grupo de personas.
Una comunidad es también un lugar
donde las personas trabajan juntas
y comparten cosas.
Las personas de una comunidad se ayudan.

Mi escuela es una comunidad.

Las personas de mi escuela trabajan juntas.

Nos ayudamos a aprender juntos.

Nuestro salón de clase

La comunidad de nuestra escuela está en un **edificio**.

El edificio de la escuela tiene muchos salones de clase.

Los niños de la misma edad están en un **grado**.

Aprendemos juntos en el mismo salón de clase.

Nuestra maestra nos enseña.

Compartir con otros

Las personas de una comunidad comparten cosas.

En la escuela compartimos los salones, los libros, el papel, la pintura y las computadoras. Compartimos los artículos deportivos.

También compartimos a nuestros maestros.

No podríamos aprender sin ellos.

Nuestros maestros nos enseñan

a leer y a escribir.

¡Hacen que aprender sea divertido!

Viajar a la escuela

Las personas de una comunidad **viajan**.

Viajar es ir de un lugar a otro.

Viajo a la escuela en un autobús escolar.

Algunos de mis amigos caminan o usan sus bicis para ir a la escuela.

La mayoría de mis amigos toma el autobús para ir a la escuela.

Una buena educación

La escuela es una comunidad
para la **educación**.
En la escuela aprendo
información y **destrezas**.
Recibir una buena educación es la mejor
cosa que puedo hacer por mí mismo.
Recibir educación es también muy divertido.

Me encanta aprender
matemáticas.
Es mi **curso** favorito.
¿Cuál es tu curso favorito?

En la clase de ciencias aprendo
informaci n sobre los animales.
Tambi n aprendo destrezas,
tales como usar un **microscopio**.

Cuando sea grande
quiero ser una escritora.
En la escuela estoy
aprendiendo a
escribir y c mo usar
la computadora.

microscopio

Trabajos en la escuela

Mi maestro tiene una buena educación.

Debes tener una buena educación
para ser maestro.

Mi maestro gana dinero por hacer su trabajo.

¡Nuestro trabajo es aprender
cuánto más podamos!

Nuestra **bibliotecaria** les presta libros a los maestros y a los estudiantes. También nos ayuda a buscar información en los libros y en la computadora.

Nuestra **directora** dirige la escuela. Se asegura de que todos cumplan las reglas.

Las reglas de la escuela

Las comunidades tienen **leyes** o reglas.
En la escuela también tenemos reglas.
Cumplimos las reglas para ayudarnos
y para ayudar a otros.

Reglas
- Sé amable y servicial con los demás.
- Guárdales respeto a los maestros y estudiantes.
- Comparte los libros y otros útiles escolares.
- Mantén tu área de trabajo limpia y en orden.
- Levanta la mano para responder una pregunta.
- Compórtate cuidadosamente contigo y con los demás.
- Da lo mejor de ti cada día.

Le guardo respeto a mi maestra.

Culturas diferentes

La **cultura** es cómo viven las personas.

La historia, la música, la comida, la religión y la ropa son parte de una cultura.

La manera en que las personas celebran es también parte de la cultura.

Los niños de mi escuela provienen de muchas culturas. Aprendemos de nuestras culturas.

Toco música polaca con mi acordeón.

Como comida japonesa con mis palillos.

Soy musulmana. Siempre me cubro la cabeza.

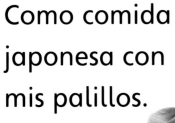

Usamos camisas que muestran nuestra cultura africana.

Diversión en la escuela

Las comunidades son lugares para divertirse.

¡La comunidad de mi escuela

es un lugar divertido!

Pintamos, tocamos música y bailamos.

También practicamos deportes.

En la escuela, aprendemos a tocar
instrumentos musicales, tales como
las trompetas y las panderetas.

pandereta

trompeta

20

Jugamos al fútbol y a otros deportes.

Hablamos, reímos y nos divertimos
con nuestros amigos.

Mantenerse sanos

Las comunidades tratan de mantener sanas a las personas.

Es difícil mantenerse sano en la escuela porque muchos niños se sientan cerca de otros. Estas son algunas de las cosas que podemos hacer para ayudar a mantenernos sanos.

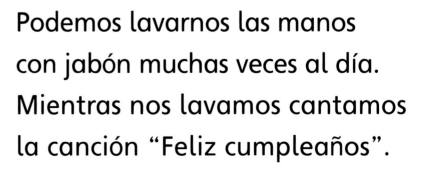

Podemos lavarnos las manos con jabón muchas veces al día. Mientras nos lavamos cantamos la canción "Feliz cumpleaños".

Podemos quedarnos
en casa cuando
estamos enfermos.

Podemos estornudar
sobre los brazos y no
sobre las manos.

Si nos sentimos mal
en la escuela podemos
ir donde la enfermera
de la escuela.

Palabras que debo saber e Índice

salón de clase
páginas 6–7, 8

culturas
páginas 18–19

educación
páginas 12–13, 14

diversión
páginas 12, 20–21

trabajos
páginas 14–15

reglas
páginas 15, 16–17

compartir
páginas 4, 8–9, 16

mantenerse sanos
páginas 22–23

viajar
páginas 10–11